DES PROJETS DE LOI
SUR LA SEPTENNALITÉ
ET
SUR LA RÉDUCTION DES RENTES.

PAR M. LE COMTE FLORIAN DE KERGORLAY,
ANCIEN DÉPUTÉ DE L'OISE,

NOMMÉ MEMBRE DE LA CHAMBRE DES PAIRS PAR L'ORDONNANCE ROYALE
DU 23 DÉCEMBRE 1823.

PARIS,
J. G. DENTU, IMPRIMEUR-LIBRAIRE,
RUE DES PETITS-AUGUSTINS, N° 5.

AVRIL 1824.

DES PROJETS DE LOI

SUR LA SEPTENNALITÉ

ET

SUR LA RÉDUCTION DES RENTES.

PROJET DE LOI

SUR LA SEPTENNALITÉ.

Ce projet de loi a un grand vice de rédaction, en ce qu'il confond en un même article deux dispositions essentiellement distinctes. L'une est le renouvellement intégral de la Chambre élue; l'autre la prolongation de la durée de ses fonctions. Ces deux dispositions n'ont point de connexité nécessaire. On peut admettre le renouvellement intégral, et rejeter la septennalité. La Chambre des députés de 1815 vota le renouvellement intégral dans la limite constitutionnelle de la durée de cinq ans.

Il serait donc contraire à la liberté de la délibération, de ne pas voter séparément sur chacune de ces deux questions.

Renouvellement intégral.

Sur la première, la Charte est indécise, et l'incompatibilité qu'ont entre eux deux de ses articles, se manifeste toujours de nouveau chaque fois que la Chambre des députés est dissoute. L'article 50 déclare en effet le droit du Roi de la dissoudre, sous la condition d'en convoquer une nouvelle dans le délai de trois mois ; mais l'exercice de ce droit est incompatible avec la complète exécution de l'article 37, qui, fixant à cinq ans la durée des fonctions des députés, veut en même temps que la Chambre soit renouvelée chaque année par cinquième.

La dissolution de la Chambre a donc, pour conséquence inévitable, qu'une de ces deux dispositions soit sacrifiée à l'autre; et aucune des deux solutions n'étant pleinement d'accord avec la Charte, il faut bien reconnaître que l'incertitude de sa décision à cet égard a justifié d'avance la liberté de la discussion sur le choix à faire entre l'un et l'autre système.

Tous deux invoquent à leur appui des motifs de prudence; mais ces motifs se combattent entre eux, et ne semblent alternativement emporter la balance qu'autant que la pensée s'attache davantage, soit au présent, soit à l'avenir. Si d'un côté, en effet, l'élection annuelle de la seule série sortante suffit pour répandre, dans toutes les parties de la France, une agitation presque continue; d'autre part, la réélection universelle produit un résultat plus décisif, et conséquemment plus à craindre en cas d'orages politiques. Pour qui jette ses regards au-delà de quelques années, l'éloignement du danger n'offre pas une garantie certaine contre l'accroissement de son intensité.

Une autre condition encore est donc nécessaire pour la sécurité du renouvellement intégral. Cette condition est celle de bien gouverner. Chaque fois que, durant l'intervalle, un gouvernement l'aura remplie, il pourra braver, ou désirer même, dans toute la sincérité d'une conscience bien assurée, la grande épreuve qui lui fera connaître s'il a satisfait la nation.

Ainsi, dans la comparaison entre les deux systèmes opposés, le renouvellement intégral peut paraître porter l'empreinte d'une plus noble franchise. Ce système, essentiellement plus hardi, peut, à des cœurs généreux, ne pas sembler téméraire. Ils peuvent n'y voir que le progrès naturel des institutions que le Roi nous a données.

Septennalité.

Ce même système exige-t-il toutefois, comme une sorte de juste compensation de ce qu'il a de plus périlleux, quelque prolongation dans la durée de la Chambre élue ? L'idée sur laquelle cette question repose n'est assurément pas sans plausibilité.

Elle en a surtout en raison de ce que l'on prévoit que, dans le système du renouvellement intégral, le Roi jugera prudent de prévenir, par une dissolution dont l'époque ne sera connue d'avance que de lui, l'expiration de la durée légale de la Chambre.

Mais l'application de ces motifs n'est pas cependant d'une telle urgence, que toute objection soit dans l'obligation de se soumettre à leur seule considération.

Une très-grave objection contre la septennalité, consiste en ce qu'elle est positivement contraire à la lettre de la Charte.

On dit, pour écarter cette objection, que les articles de la Charte ne sont pas tous d'une égale importance. Cela est vrai; mais si l'on n'attachait pas d'importance à celui dont on propose le changement, pourquoi voudrait-on le changer?

On dit aussi que, sans offenser l'essence même de la Charte, on en peut modifier les articles réglementaires. Cette observation n'est pas non plus sans réalité; mais l'application en est délicate et dangereuse. A quel signe certain peut-on en effet se flatter de reconnaître les articles fondamentaux et lès articles réglementaires?

On dit enfin (et ce dernier argument peut sembler singulièrement effrayant), on dit que la dernière loi d'élection a modifié l'article 36 de la Charte, et autorisé ainsi la modification de l'article 37.

La comparaison d'abord entre l'une et l'autre modification est bien mal choisie. L'article 36 fixait le nombre des députés à celui auquel avait été réduit le Corps législatif par la suppression du Tribunat, que fit disparaître Buonaparte empereur. L'accroissement du nombre des députés fut réputé populaire, lorsqu'il fut annoncé par une ordonnance royale, immédiatement après la seconde restauration. Cette mesure, considérée en elle-même, paraîtra toujours favorable à la liberté.

Mais, en écartant même cette distinction, je suis très-éloigné d'admettre comme principe général, qu'une modification (de la Charte) en autorise une autre. Je pense au contraire que toute modification de la Charte étant un grave inconvénient, on doit, si l'on a subi la nécessité d'en admettre une qui put être justifiée par un péril imminent, répugner d'autant plus à en admettre une nouvelle que ne justifierait pas, soit une nécessité pareille, soit une conviction généralement répandue dans la nation.

Je ne vois dans l'établissement de la septennalité aucune nécessité actuelle. J'ignore si la conviction de la convenance de cette mesure est généralement répandue dans la nation. En cet état de choses, je crois qu'il vaut mieux ajourner la décision de cette question à quelqu'une des sessions prochaines. L'opinion publique se sera d'ici là mieux manifestée, et se développerait certainement d'une manière beaucoup plus favorable à la mesure proposée, si l'on renonçait à appliquer la septennalité à la Chambre actuelle. Les colléges électoraux n'ayant point été officiellement avertis de la prolongation de durée destinée à la Chambre qui allait être élue, on ne peut pas dire qu'ils aient eu l'intention de l'élire pour sept ans. Cette objection est capitale ; une communication ouverte aux électeurs l'aurait prévenue, et cette franchise aurait plu à la France. Mais cette communication n'a pas été faite, et ne peut maintenant être suppléée.

L'exposé des motifs du projet de loi fait à ce sujet un bien mauvais raisonnement, en disant, que croire *la durée des pouvoirs des députés limitée par leur élection, serait les reconnaître soumis à un mandat.*

Ce n'est pas par leur élection, c'est par la Charte que la durée des pouvoirs des députés est limitée. Les électeurs savent fort bien dans toute la France, qu'ils n'ont aucun mandat impératif à donner aux députés qu'ils élisent, sur la manière dont ils voteront pendant la durée constitutionnelle de leurs fonctions. Mais ces mêmes électeurs ne sauraient comprendre d'où les députés tireraient leurs pouvoirs après l'expiration du temps pour lequel ils ont, d'après la Charte du pays et le silence gardé envers eux, cru les élire.

Le système annoncé par l'exposé des motifs du projet de loi est d'une très-grave conséquence. Il est également applicable à toute autre prolongation des pouvoirs des députés au-delà du terme pour lequel crurent les élire les électeurs. Qui pourrait dire, d'après ce système, si jamais maintenant la. Chambre actuelle sera renouvelée? Si elle a le pouvoir de prolonger elle-même son existence, et si elle est disposée à en user pour la porter à sept années, pourquoi pas à dix, pourquoi pas à cinquante?

Si l'on n'eût pas gardé le silence envers les électeurs sur le projet de la septennalité, on aurait pu considérer comme un assentiment de leur part la nomination qu'ils auraient peut-être faite de députés favorables à cette mesure. Il était juste qu'ils fussent mis à portée de choisir sciemment entre ceux-là ou d'autres. On a sans doute raison de dire qu'ils n'ont pas droit de donner des mandats impératifs; mais on ne prétend apparemment pas empêcher qu'ils choisissent librement ceux envers qui la similitude d'opinions leur inspire le plus de confiance.

L'occasion des élections une fois manquée pour sonder avec sincérité le vœu national, l'application de la septennalité à la Chambre élue sous l'institution quinquennale, ne pourrait plus avoir bonne grâce; et le succès qui couronna en Angleterre une mesure, sous quelques rapports, beaucoup plus choquante, n'est pas un exemple assez honorable à l'humanité pour être accepté volontiers par des cœurs délicats pour modèle.

Enfin, le résultat même des dernières élections a nécessairement influé sur la disposition plus ou moins confiante. Soit mauvaise volonté, soit malheur, l'attente que dut faire naître une honorable promesse a été mal remplie. « Le ministère (disait le 25 décembre dernier un journal qui s'en donnait comme l'organe, et ne fut pas désavoué) « ne s'oppo-
« sera pas même à l'élection des royalistes qui
« se sont ouvertement déclarés contre lui : ils
« ne sont que ses ennemis, et non ceux de la mo-
« narchie. Il ne se croit pas le droit de repous-
« ser, pour des considérations personnelles,
« des hommes dont les talens sont utiles, les
« principes excellens et le caractère honora-
« ble. » Ces paroles étaient nobles et sages; l'évènement les démentit en une occasion éclatante, et parut révéler cette pusillanimité impérieuse qu'irrite la contradiction la mieux intentionnée. Or, il est impossible d'inspirer la confiance, quand on ne souffre pas la contradiction.

PROJET DE LOI

SUR LA RÉDUCTION DES RENTES.

On veut, à l'aide de la menace d'un remboursement forcé, réduire simultanément d'un cinquième 140,000,000 fr. de rentes dues par l'État, et cependant en accroître en même temps d'un tiers le principal, qui est actuellement de 2,800,000,000 fr.

La première de ces opérations me semble, de la part de l'État envers ses créanciers actuels, dure et violente; la seconde me paraît la fondation d'une énorme injustice qu'on exercerait, sans aucun droit, contre l'État, en faveur de ses créanciers futurs.

On annonce en même temps la continuation indéfinie des opérations journalières de la Caisse d'amortissement. Cette Caisse est dotée aujourd'hui de 73,000,000 fr. de revenus, dont 33,000,000 fr. sont des rentes rachetées par elle, mais toujours payées par les contribuables, et dont 40,000,000 fr. sont annuellement votés par les Chambres aux dépens de ces mêmes contribuables. Ses opérations journalières consistent à employer chaque jour une portion égale de ses revenus à racheter la dette publique. Elles sont, comparativement avec un remboursement au pair, avantageuses ou onéreuses à l'État, suivant que les rachats journaliers se font au dessous ou au-dessus du pair.

La continuation indéfinie des opérations de la Caisse d'amortissement étant destinée à porter le prix flottant du capital à une élévation indéfiniment croissante au-dessus du pair de 100 fr. pour 5 fr. de rente fixe, il est clair que ces opérations, tant que durera la fièvre de hausse qu'elles alimentent, deviendront toujours plus onéreuses à l'Etat, comparativement avec un remboursement au pair. S'il est vrai, comme l'exposé des motifs du projet de loi l'assure, que l'État ait le droit de rembourser les rentes au pair de 100 fr. pour 5 fr., rien ne saurait justifier des rachats faits à des prix plus élevés.

Réduction des rentes.

La légalité du remboursement forcé a été contestée.

Ceux qui le considèrent comme légal allèguent, à l'appui de leur opinion, l'article 1911 du Code civil, qui déclare que « la rente constituée en perpétuel est essentiellement rachetable. » Mais les adversaires de cette opinion ont montré combien manqueraient d'exactitude et d'équité l'assimilation de l'État débiteur à un débiteur ordinaire, et l'application rigoureuse de la loi civile au profit de l'État, lorsqu'il n'a pas réciproquement lui-même à en redouter la rigueur.

L'article 1911 est en effet suivi (dans le même Code) des articles 1912 et 1913 : ceux-ci déterminent les cas où le capital de la rente perpétuelle devient exigible de la part du créancier. « Le débiteur d'une rente constituée en perpétuel peut (article 1912) être « contraint au rachat : 1° s'il cesse de remplir ses obligations pendant deux années ; « 2° s'il manque à fournir au prêteur les sûretés promises par le contrat. — Le capital « de la rente constituée en perpétuel (article 1913) devient aussi exigible, en cas de « faillite ou de déconfiture du débiteur. »

Aucun de ces cas n'étant susceptible d'aucune application envers l'Etat débiteur, l'équité serait assurément mal satisfaite si elle lui voyait faire un usage rigoureux de l'article 1911 envers des créanciers qui sont dépourvus de tout moyen de faire valoir envers lui les articles 1912 et 1913.

Il ne faudrait donc pas dire : « L'Etat, débi« teur de rentes perpétuelles, tire du Code

« civil son droit de les racheter ; » mais il y aurait lieu d'examiner seulement si les motifs qui firent admettre ce droit dans le Code civil, ne seraient pas applicables à l'Etat même, *avec les tempéramens que réclamerait l'équité.*

Sous ce nouveau point de vue, il faudrait bien sans doute convenir,

Que quand un particulier use de son droit de racheter la rente perpétuelle dont il est débiteur, il ne cause généralement aucun dommage à son créancier, qui trouve facilement un placement équivalent de son capital ailleurs ;

Qu'alors même que des circonstances générales auraient fait baisser l'intérêt des capitaux, du moins le rentier, qui n'obtiendra qu'un moindre intérêt dans un nouveau placement, n'a pour cela nulle plainte à faire contre le débiteur qui le rembourse ; ce débiteur n'ayant pu avoir aucune influence sur les circonstances générales qui ont amené la diminution inévitable du revenu du rentier ;

Qu'au contraire, l'Etat débiteur a d'immenses moyens de *créer lui-même, ou d'accroître sans mesure* les circonstances qui font baisser l'intérêt des capitaux ; et que, lorsqu'il rembourse *subitement* des capitaux immenses, il prive, *par son propre fait*, les créanciers qu'il rembourse de toute faculté de se procurer un revenu égal ailleurs;

Que depuis la consolidation des cinq pour cent, la persuasion qu'aucun remboursement forcé des rentes consolidées n'était à craindre et ne serait même légal, était générale en France; et que si cette persuasion était une erreur, toutefois le redressement de l'erreur commune exige toujours de grands ménagemens;

Que le plus naturel et le plus important de ces ménagemens serait de n'exécuter que peu à peu la mesure rigoureuse du remboursement forcé; et que cet adoucissement serait l'effet naturel de la loyauté, qui ne voudrait y employer que les fonds réels et disponibles de l'Etat, et répugnerait à profiter de la fièvre de hausse pour y employer des capitaux fictifs.

Accroissement du principal de la dette de l'Etat.

L'impossibilité de réaliser simultanément un remboursement de 2,800,000,000 fr. est, je crois, universellement reconnue. Aussi l'exposé des motifs du projet de loi ne donne-t-il pas la moindre apparence d'une garantie de cette réalisation subite.

On espère seulement que l'impossibilité de trouver soudainement des placemens convenables pour de si immenses capitaux sera plus grande encore que celle d'en effectuer soudainement le remboursement. On espère donc que la masse des rentiers acceptera la réduction dont l'alternative leur est proposée, et que le remboursement ne sera demandé que pour de faibles sommes.

Mais ces faibles sommes elles-mêmes, encore faut-il qu'elles soient fournies par quelqu'un, et ceux qui se sont engagés à les fournir ont imposé une condition dont l'invention est aussi bizarre que nouvelle.

Ils exigent que l'Etat reconnaisse leur devoir autant de fois 100 fr. qu'il aura reçu d'eux 75 fr.; et comme cette scandaleuse usure ne peut pas être accordée aux prêteurs sans l'être également à tous ceux des rentiers qui ne se feront pas rembourser, il en résulte que, sans aucun droit comme sans aucune nécessité, on veut contraindre l'Etat à accroître sa dette d'un capital de 933 millions et un tiers qui ne lui ont pas été fournis.

Pour atténuer l'injustice de charger l'Etat de ce fardeau, on rappelle que le capital des rentes perpétuelles n'est point exigible de la part des créanciers. Il est, dit-on, sans inconvénient de reconnaître une dette qu'on ne peut pas être forcé de payer. On ne considère comme un fardeau que les seules dettes exigibles. On prétend donc soulager l'Etat au lieu de le charger, lorsqu'on réduit la rente exigible en accroissant son principal, qui ne peut être exigé.

Pour que cet argument fût concluant, il faudrait y joindre, avec de justes motifs, la renonciation de l'Etat au droit de rembourser sa dette ou de la racheter.

Le projet de loi ne contient qu'une renonciation conditionnelle à l'exercice ultérieur du droit de l'Etat de rembourser sa dette; et les motifs de cet ajournement, soumis pour sa durée à une chance incertaine, peuvent ne pas paraître satisfaisans.

Quant au droit de rachat, loin que le projet de loi y renonce pour l'Etat, l'exposé des motifs impose au contraire à l'Etat le rachat comme une obligation perpétuelle.

Tout cela fait une nouvelle confusion, qu'il faut s'efforcer de débrouiller.

Les prêteurs qui se sont engagés à fournir des fonds pour réaliser une faible portion du remboursement fictif de 2,800,000,000 fr., n'ont pas voulu s'exposer à subir eux-mêmes un nouveau remboursement forcé. Ils ont demandé une garantie contre un prompt renouvellement de cette opération.

La même demande, faite en Angleterre (à l'occasion de la réduction qui s'y fait actuellement des quatre pour cent à trois et demi), y a reçu une réponse raisonnable et claire. L'Etat s'y est engagé à suspendre pendant un temps limité tout exercice du droit de remboursement forcé à l'égard des nouveaux trois et demi pour cent.

Ce système n'a rien d'obscur, rien d'incertain, rien de caché; on nous en propose un tout autre.

On veut que chez nous l'Etat s'engage à ne plus exercer son droit de rembourser sa dette capricieusement accrue d'un tiers en capital, qu'au nouveau pair de 100 fr. de principal pour 3 fr. de rente. A cet effet, on a inventé une combinaison bizarre pour la dénomination des nouvelles rentes, qu'on veut, pour opérer la réduction d'un cinquième, substituer aux rentes actuelles.

Les Anglais voulant réduire à trois et demi leurs rentes dites quatre pour cent, donnent à celles qu'ils leur substituent le nom de trois et demi pour cent, et expriment ainsi clairement et naturellement ce qu'ils font.

Quant à nous, il y faut, nous dit-on, plus d'art. On veut, à la vérité, que, par l'effet de la menace d'un remboursement forcé au pair de 100 fr. pour 5 fr., nous réduisions à quatre pour cent nos cinq pour cent consolidés actuels; mais on veut en même temps que le taux nouveau, qui autoriserait un remboursement ultérieur, soit celui, non de 100 fr. pour 4 fr., mais de 100 fr. pour 3 fr. On nous propose, en conséquence, de refuser aux nouvelles rentes qu'on veut substituer aux rentes actuelles, le nom de quatre pour cent, et de leur donner fictivement celui de trois pour cent, en les délivrant toutefois (soit aux rentiers actuels, soit aux prêteurs qui fourniraient des fonds pour rembourser ceux qui ne consentiraient pas à la réduction) au taux de 3 fr. pour 75 fr., équivalent à celui de quatre pour cent.

Continuation indéfinie des opérations de la Caisse d'amortissement.

En attendant que le taux de 100 fr. de capital pour 3 fr. de rente soit atteint par le cours de la bourse, et puisse ainsi donner lieu à des remboursemens ultérieurs, la Caisse d'amortissement, nous dit-on, doit continuer sans relâche ses rachats journaliers.

On ne nous a pas dit que ces mêmes rachats dussent cesser après que ce taux aurait été dépassé, on ne nous a pas dit qu'ils ne dussent pas se perpétuer alors même jusqu'au rachat de la dernière rente. Mais comme l'obligation supposée de racheter perpétuellement rencontrerait un obstacle toujours proportionnellement plus puissant dans la liberté des rentiers de ne pas vendre, on arriverait inévitablement enfin à cette conséquence absurde, que le porteur de la dernière rente pourrait, à son choix, exiger, pour prix du rachat, que la Caisse d'amortissement serait forcée d'en faire, soit le capital de toute la France, soit celui de toute l'Europe, soit celui du monde entier.

Cette absurde conséquence devant nécessairement être écartée, il faut nécessairement aussi admettre une limite à la chimérique obligation de la Caisse d'amortissement de racheter perpétuellement le capital à des prix toujours plus élevés comparativement à la rente fixe.

Supposons que cette limite soit le pair de 100 fr. de principal pour 3 fr. de rente; supposons que, cette limite une fois atteinte, on reconnaisse enfin qu'il vaut mieux employer la Caisse d'amortissement à rembourser à un taux déterminé (le droit en étant considéré comme rouvert au profit de l'État), que la condamner éternellement à racheter à des prix toujours plus onéreux. Cherchons ensuite à nous rendre un compte comparatif de ce qui arriverait, soit dans le système du projet de loi (moyennant l'admission de cette limite), soit dans quelque autre système qui, se présentant plus naturellement à l'esprit, semblerait susceptible de lui être avantageusement substitué.

Conséquences du projet de loi.

Le projet de loi propose de réduire simultanément d'un cinquième 140,000,000 fr. de rentes perpétuelles, et d'en accroître en même temps d'un tiers le principal, qui est actuellement de 2,800,000,000 fr. Le profit sur le service annuel de la rente sera pour l'État de 28,000,000 fr.; la rente elle-même sera réduite à 112,000,000 fr.; son principal sera porté à 3,733,333,333 fr.

On peut employer, ou ne pas employer les 28 millions de profit annuel à accroître la dotation de la Caisse d'amortissement.

Si on les y emploie, cette dotation, qui est actuellement de 73 millions, deviendra de 101 millions. Les rachats de la Caisse d'amortissement doivent, suivant ce système, être considérés comme flottant entre les taux de 75 et de 100 pour 3 (qui correspondent à ceux de 100 et de 133 un tiers pour 4, ainsi qu'à ceux de 125 et de 166 deux tiers pour 5). Le taux de 75 pour 3 est le point de départ, et le système du projet de loi suppose que ce taux tendra toujours à se rapprocher de celui de 100 pour 3 (1). Celui-ci est le dernier terme, au-delà duquel peut cesser l'obligation imposée jusque-là à la Caisse d'amortissement par le système du projet de loi, de continuer ses rachats journaliers, de sorte que, même suivant ce système, le remboursement au nouveau pair de 100 pour 3 pourrait être avantageusement substitué, par la Caisse d'amortissement, à des rachats plus onéreux encore.

Moyennant la puissance de l'intérêt composé, une Caisse d'amortissement dotée de 101 millions, emploierait dix-neuf et vingt-cinq ans à racheter 112,000,000 fr. de rente aux taux respectifs de 75 et de 100 pour 3.

Mais si sans réduction des rentes, et sans accroissement de leur principal, l'État se bornait maintenant à déléguer à la Caisse d'amortissement son droit de rembourser au pair ac-

(1) Voir la note à la fin de l'ouvrage.

tuel de 100 fr. de capital pour 5 fr. de rente, cette Caisse opérerait en vingt-deux ans, par ses seuls moyens (c'est-à-dire moyennant la puissance de l'intérêt composé mise en œuvre par sa dotation actuelle de 73 millions), le remboursement des 2,800,000,000 fr., qui forment le principal actuel des 140 millions de rente.

Ainsi, dix-neuf ou vingt-cinq ans dans le système du projet de loi, et vingt-deux ans seulement dans le système opposé, pour opérer la libération de l'État. Comment pourrait-on hésiter à rejeter le remboursement dur, subit, violent que propose le projet de loi, et à lui préférer un remboursement qui, réparti sur vingt-deux années, est adouci par la clémente influence du temps, qui adoucit tout?

Que si l'on suppose que les 28 millions de profit annuel qu'offre le projet de loi, ne soient pas employés à l'accroissement de la dotation de la Caisse d'amortissement, la balance du compte comparatif ne deviendra par-là guère plus favorable au système du projet de loi.

Système du projet de loi.

La Caisse d'amortissement, avec sa dotation actuelle de 73 millions, aura à amortir 112,000,000 fr. de rentes. Elle y emploiera plus de vingt-trois et de trente-un ans aux taux respectifs de 75 et de 100 pour 3.

Pour procurer l'équivalent des 28 millions de profit annuel produits par la réduction des rentes suivant le système du projet de loi, on prélevera, dans le système opposé, pareille somme annuelle, soit au profit des contribuables, soit pour tout autre emploi, sur la dotation actuelle de la Caisse d'amortissement, qui par-là sera réduite de 73 à 45 millions. Avec cette dotation réduite, elle amortira en vingt-neuf ans la dette actuelle de 2,800,000,000 fr., en la remboursant au pair actuel de 100 fr. de capital pour 5 fr. de rente.

Système opposé.

Le système du remboursement subit et violent ne procurerait donc encore ici aucun profit pour l'accélération de la libération de l'État.

Il faut remarquer en effet que la supposition que les rachats pussent se faire dans le système du projet de loi, au taux de 75 pour 3, est tout à fait paradoxale. L'impulsion que donnera la Caisse d'amortissement vers la hausse, sera toujours croissante et toujours plus violente. La Caisse d'amortissement étant toujours forcée de racheter, sans que les rentiers aient aucune obligation de vendre, le cours arrivera très-promptement au taux de 100 pour 3. Les rentiers vendront à ce taux, si la folie des rachats de la Caisse d'amortissement à tout prix trouve à ce taux-là une limite, et obtiendront tous les prix extravagans au-delà, si cette folie n'a point de fin.

On vient de voir qu'il faut moins de temps à une Caisse d'amortissement dotée de 73 millions, pour rembourser 140 millions de rente au pair de 100 pour 5, qu'à une Caisse d'amortissement dotée de 101 millions pour racheter 112 millions de rente au cours de 100 pour 3. Cela suffit pour ôter tout fondement raisonnable à l'espérance que l'extinction de la dette publique pût recevoir la moindre accélération par l'effet du système du projet de loi.

Quand ce système violent présenterait quelque profit financier, je pense qu'il n'en devrait pas moins être rejeté. Je suis bien aise qu'il ne présente aucun avantage de ce genre qui puisse faire hésiter à le repousser.

Ce projet est celui d'un joueur à la hausse. Il tend à mettre tout le crédit et toute l'influence de l'État en servage, au profit de ces sortes de joueurs.

L'Etat ne doit être un joueur ni à la baisse ni à la hausse. Il ne doit pas se mettre au service des joueurs.

L'État doit observer les évènemens du crédit public plutôt que les produire. Il doit, suivant le cours qu'il leur voit prendre, se conduire dans son propre intérêt avec prudence. Cette prudence, telle qu'elle doit être entendue, ne doit jamais entrer en collision avec la loyauté.

La prudence recommande de ne pas se mettre à la merci des capitalistes étrangers sans nécessité.

Un peu d'attention et de discernement font bientôt reconnaître que la proportion de l'intérêt au capital n'est point l'objet principal des spéculations de bourse. Les joueurs ne veulent qu'une chose : ils ne veulent qu'acheter et vendre fréquemment, avec de grandes et subites variations de la valeur du capital. Soit que les circonstances soient favorables à la hausse ou à la baisse, ils s'efforcent toujours de pousser l'effet de ces circonstances à l'extrême, afin que la réaction soit à son tour extrême et subite. Quand l'Etat se lie à ces funestes efforts, il agit à la fois avec imprudence et déloyauté. Il trouble, autant qu'il est en lui, la paix publique; il commence par faire beaucoup de malheureux, et en a ensuite tout à redouter.

Il n'est pas vrai que la réduction des intérêts, opérée par des moyens soudains et violens, doive produire d'une manière durable l'effet de bannir de la Bourse les capitaux, et de les faire refluer sur les campagnes. La baisse des intérêts, que produiraient peu à peu des causes naturelles, pourrait avoir dans un degré modéré cet effet salutaire; les moyens artificiels et violens ne le produiront pas, ou ne le produiront que d'une manière partielle et passagère. La fièvre, soit de la hausse, soit de la baisse, c'est-à-dire la fièvre générale du jeu effréné des capitaux, aura, d'autant plus qu'elle sera plus étourdiment alimentée par l'Etat même, une influence prédominante pour rassembler à la Bourse, avec une fureur croissante, les capitaux que la faible baisse des intérêts tendra faiblement à en écarter.

La classe des rentiers de l'Etat mérite de justes égards; et si les justes droits de l'Etat ne leur doivent pas être sacrifiés, du moins l'exercice rigoureux en doit-il être tempéré envers eux par tous les ménagemens que l'humanité réclame, que l'équité et la loyauté exigent. Ils ne se plaindront point lorsqu'ils ne souffriront que peu à peu, au cas qu'ils aient à les souffrir, les effets de circonstances générales qu'on aurait, sans les créer artificiellement et violemment, laissé se manifester librement, naturellement, sincèrement.

Les rentiers abondent dans la capitale, et les provinces sont remplies de propriétaires fonciers. Il est mal habile de fonder sa puissance sur les divisions que des intérêts, moins opposés en réalité qu'en apparence, excitent trop fréquemment. La seule puissance salutaire est l'union des citoyens.

Le Roi a promis, dans son discours d'ouverture de la présente session législative, de fermer les dernières plaies de la révolution.

Une classe particulière de citoyens ne doit pas être arbitrairement choisie pour fournir plus que sa juste quote-part à ce grand acte de justice et de politique. Il faut faire bonne justice à tous; tous ainsi seront unis, fidèles et contens.

*Celui qui écrit ceci n'est pas un rentier. Il est lié par ses circonstances personnelles, et bien plus encore par ses affections, à des intérêts tout autres; mais il n'a jamais désiré, ni pour lui ni pour ceux qu'il affectionne, quelque chose qui lui semblât contraire à la commune équité.

Il faut surtout éviter, dans les mesures financières, tout ce qui est obscur, tout ce qui est embrouillé, tout ce qui porte à soupçonner quelque ruse cachée.

Pensons à la source de ce grand essor de crédit public qu'on admire, et dont on veut abuser. Cette source est moins encore le merveilleux succès de la guerre d'Espagne, que la probité politique qui l'inspira et en régla la conduite. La guerre une fois parmi les hommes s'est rigoureusement conformée aux préceptes de la vertu. Cette vertu exalta la confiance publique. Pour nous en approprier les bienfaits d'une manière durable, suivons fidèlement les principes qui les ont produits.

Je pense que le projet de loi doit être rejeté, parce qu'il me semble manquer à la fois de générosité et de droiture.

Je pense qu'on lui doit substituer une disposition législative qui, interdisant à la Caisse d'amortissement de racheter des rentes à un taux au-dessus de 100 fr. pour 5 fr., l'autorise à les rembourser à ce taux par tirage au sort, quand elle n'en trouvera pas à racheter de gré à gré à des taux inférieurs.

Note de la page 23.

Le rapporteur de la commission de la Chambre des députés a dit, dans la séance du 17 avril, que le prix ultérieur des rachats ne dépendrait pas de la mesure projetée, et qu'il pourrait aussi bien descendre au-dessous de 75 que monter au-dessus.

Le prix ultérieur des rachats dépend de la mesure projetée en ce sens, qu'elle est liée à l'inconséquent système qui, attribuant à l'État le droit de remboursement forcé au taux de 100 fr. pour 5 fr., interdit à la Caisse d'amortissement l'exercice de ce droit, et la condamne à racheter sans relâche à des taux supérieurs. Or, ce violent jeu à la hausse doit nécessairement produire son effet, doit produire artificiellement et violemment cette hausse des capitaux à 75 pour 3 et au dessus, que (sous le nom de l'intérêt à 4 pour 100, avec tendance vers 3) le système du projet de loi suppose, avec peu de certitude d'ailleurs, être l'état naturel des choses.

Le rapporteur de la commission a donc fort mal réfuté l'objection relative au dommage qui résulte des rachats de la Caisse d'amortissement au dessus du taux auquel il pense que l'État est en droit de rembourser la rente.

Il a paru tâcher d'écarter la difficulté, en confondant avec l'objection qui a été faite et devait l'être, une extension inapplicable de cette même objection. Il a reconnu *qu'il y avait perte à amortir au dessus du pair;* mais il n'a pas limité l'aveu de cette perte à l'amortissement au dessus du taux nominal qu'on appelle *le pair*. « Le véritable pair dans « ce sens (a-t-il dit) c'est le *taux de la création des em-* « *prunts.* »

Il a mêlé ainsi deux idées essentiellement différentes,

celle d'une perte qu'on ne peut pas éviter, et celle d'un dommage auquel on ne doit pas consentir.

Nos modernes emprunts, qui sont sans doute ceux dont il est ici question, se sont faits par la création et la vente de nouvelles rentes dites 5 pour cent consolidés, comme les anciennes. L'État a vendu ces nouvelles rentes aux prix qu'il a pu en obtenir, et ces prix ont toujours été jusqu'à présent inférieurs au taux nominal de 100 fr. pour 5 fr. Ces prix de vente sont ce qu'on appelle les taux de la création des emprunts.

Il y a assurément, comparativement aux taux de la création de ces emprunts, perte à amortir au dessus de ces taux; et comme l'État n'a jamais obtenu dans aucun de ces emprunts le pair nominal de 100 fr. pour 5 fr., il y a perte en ce sens à amortir même au dessous du pair nominal, à tout prix intermédiaire entre ce taux et ceux de la création des emprunts. Personne toutefois n'attribuant à l'État le droit de rembourser aux taux de la création des emprunts, la perte qu'il éprouve à amortir au dessus de ces taux ne peut pas être un sujet de reproche.

Mais de là ne résulte pas que le rachat au dessus du taux auquel l'État est supposé avoir droit de rembourser soit (dans cette supposition) excusable.

Le rapporteur de la commission essaie vainement de couvrir cet abus, en disant que l'État trouve, dans l'économie de 28 millions (qui résulterait de la réduction des rentes dans le système du projet de loi) une compensation certaine des dommages qui résulteraient des rachats faits à des taux supérieurs à celui auquel l'État aurait droit de rembourser. Mais cette compensation ne suffirait pas pour excuser le projet de loi. Il suffit, pour que le trouble violent qu'il causerait dans la fortune des rentiers le rende intolérable, qu'il ne présente aucun avantage pour l'accélération de l'amortissement de la dette publique. Or, il est facile de s'assurer, par le tableau des effets comparatifs des opérations de la Caisse d'amortissement dans les deux systèmes opposés, que celui du projet de loi ne présente pour l'accélération de l'amortissement de la dette publique, aucun avantage.

La Quotidienne du 17 avril contient un tableau comparatif qui présente le système du projet de loi comme devant nécessairement retarder beaucoup la libération de la dette publique. Dans ce tableau a été négligée l'application des effets de l'intérêt composé aux 28 millions d'économie annuelle qui résulteraient de la réduction des rentes dans le système du projet de loi. De cette omission résulte quelque surcharge des griefs contre ce système. Mais après la rectification de cette omission, ce système demeure toujours intolérable, en ce qu'il ne présente toujours, pour l'accélération de l'amortissement de la dette de l'Etat, aucun avantage qui pût balancer en aucune manière le funeste échec qu'il porterait à la confiance publique.

Le supplément au *Journal des Débats* du 21 avril, a publié à son tour un tableau comparatif.

Ce tableau met en regard (à ses deux premières colonnes) les effets de l'intérêt composé, appliqué d'une part à l'amortissement de 140 millions de rente (au taux de 100 fr. de capital pour 5 fr. de rente), et, d'autre part, à l'amortissement de 112 millions de rente (au taux de 100 fr. de capital pour 4 fr. de rente).

Il évalue dans la première colonne à 80 millions la dotation actuelle de la Caisse d'amortissement. Il montre qu'elle aura éteint (au taux de 100 fr. pour 5 fr.) les 140 millions de rente en vingt ans huit mois vingt-quatre jours!

Dans la seconde colonne, la dotation de 80 millions est accrue des 28 millions dont seraient réduits, suivant le système du projet de loi, les 140 millions de rente. La dotation de la Caisse d'amortissement deviendrait ainsi de 108 millions, qui n'auraient plus à amortir que 112 millions de rente. Cet amortissement s'opérerait (au taux de 100 fr. pour 4 fr.) en dix-huit ans un mois vingt jours.

Les deux colonnes donnent à chacune des opérations qu'elles représentent le nom de rachat.

Ce nom de rachat exprime un acte subordonné à la volonté du vendeur, et conséquemment incertain.

Les deux colonnes présentent donc, sous le nom de rachat, leurs deux résultats comme également hypothétiques.

Il est cependant facile de voir que, suivant les données établies dans le système du projet de loi, l'un de ces résultats est certain, et l'autre impossible.

En effet, suivant le système du projet de loi, l'État a le droit de rembourser les rentes au pair de 100 fr. pour 5 fr. Il lui suffit donc de déléguer à la Caisse d'amortissement l'exercice de ce droit pour effectuer sans aucun obstacle l'extinction des 140 millions de rente en vingt ans huit mois vingt-quatre jours, comme l'annonce la première colonne.

La seconde colonne présente au contraire un résultat dont la réalisation est évidemment impossible dans le système du projet de loi. D'une part, en effet, ce système fait renoncer l'Etat à tout droit de rembourser à des taux inférieurs à celui de 100 fr. pour 3 fr.; il est donc clair qu'il ne pourra pas exercer le droit de rembourser au taux de 100 fr. pour 4 fr., ou de 75 fr. pour 3 fr. D'autre part, la combinaison de la liberté des rentiers de ne pas vendre, avec l'obligation supposée de la Caisse d'amortissement de racheter perpétuellement, n'importe à quels prix, rend absolument impossible que l'extinction totale des rentes s'opère jamais ni au taux de 100 fr. pour 4 fr., ni à celui de 100 fr. pour 3 fr., ni à aucun autre.

L'avantage attribué dans ce tableau au projet de loi, d'accélérer de deux ans sept mois quatre jours l'extinction totale des rentes, est donc absolument chimérique.

Les deux colonnes suivantes du même tableau présentent

des résultats qui ne soutiennent pas mieux l'examen. Ils dérivent toujours de la supposition erronée, que la Caisse d'amortissement opérerait l'extinction totale des rentes moyennant son obligation de les racheter perpétuellement, combinée avec la liberté des rentiers de ne les pas vendre. Ils ajoutent à cette illusion la supposition non moins inadmissible, que le système opposé à celui du projet de loi astreindrait lui-même éternellement la Caisse d'amortissement à cette interminable entreprise, et ne lui déléguerait jamais l'exercice du droit (que le projet de loi attribue à l'État) de rembourser les rentes au pair de 100 fr. pour 5 fr. Partant de ces bases chimériques, les deux dernières colonnes montrent fort bien qu'une Caisse d'amortissement dotée de 80 millions emploierait à éteindre 140 millions de rente, à un cours supposé de 100 fr. pour 3 fr. et demi, près de quatre ans de plus qu'à éteindre, au même cours, 112 millions de rente. L'article d'introduction à ce tableau montre aussi, qu'à la balance qui résulte des deux dernières colonnes en faveur du système du projet de loi, il faut encore ajouter le bénéfice des 28 millions épargnés annuellement, suivant ce système, pour le service des rentes. Mais qu'importent les résultats, quand ils sont fondés sur des bases fautives?

Voici comment le tableau inséré dans le supplément au *Journal des Débats* me paraît devoir être rectifié et complété :

La Caisse d'amortissement, dotée de 108 millions, emploierait un peu plus de dix-huit et de vingt-quatre ans à racheter 112 millions de rente aux taux respectifs de 75 fr. et de 100 fr. pour 3 fr. 1° Système du projet de loi.

La Caisse d'amortissement, dotée de 80 millions, emploierait près de vingt ans et trois quarts à rembourser 140 millions de rente au pair de 100 fr. pour 5 fr. Système opposé.

La Caisse d'amortissement, dotée de 80 millions, emploierait un peu plus de vingt-deux et de vingt-neuf ans à ra- 2° Système du projet de loi.

cheter 112 millions de rente aux taux respectifs de 75 fr. et de 100 fr. pour 3 fr.

Système opposé. La Caisse d'amortissement, dotée de 52 millions, emploierait un peu moins de vingt-sept ans à rembourser 140 millions de rente au pair de 100 fr. pour 5 fr.

FIN.

www.ingramcontent.com/pod-product-compliance
Ingram Content Group UK Ltd.
Pitfield, Milton Keynes, MK11 3LW, UK
UKHW020422220726
13923UKWH00005B/2104